nivel **A2** audiolibro **colección p**

Rafael Nadal

DENTRO Y FUERA DE LA PISTA

COLECCIÓN PERFILES POP

Texto: Noemí Monge
Coordinación editorial: Clara de la Flor
Supervisión pedagógica: Emilia Conejo
Glosario y actividades: Emilia Conejo
Diseño y maquetación: rosacasiroja
Corrección: Rebeca Julio
© **Fotografías de Rafael Nadal**: Ella Ling, Federación Española de Tenis, Mutua Madrileña
Madrid Open, Federación Española de Fútbol
Fotografía de portada: Rafael Nadal / Ella Ling
Locución: Luis García Márquez
Estudio de grabación: Difusión

© Difusión, Centro de Investigación y Publicaciones de Idiomas, S.L., 2011
ISBN: 978-84-8443-733-8
Depósito legal: B-5483-2011
Impreso en España por Industrias Gráficas Soler
www.difusion.com

Índice

Rafael Nadal en el Abierto de Estados Unidos en 2010/Ella Ling

Rafael Nadal

Tenista

«Hago las cosas dándolo todo,
en el tenis y en la vida»

pista 01

1. El perfil de un campeón

«Yo soy, antes que deportista o tenista, persona»

«**Y**o soy, antes que deportista o tenista, persona». Así se describe Rafael Nadal, en la pista[1] y fuera de ella. «Rafa» empezó a ganar en el año 2004, y desde entonces se ha convertido en uno de los personajes más queridos de España. Entonces solo tenía 18 años y para muchos era un niño, pero hoy Rafa es un hombre. Ha crecido en la pista como persona y como deportista.

Nadal es humilde[2], fuerte, respetuoso[3] y tiene talento. Así lo describen las personas que lo conocen bien. En la pista de tenis destaca[4] en primer lugar su buena forma física. Nadal nació con grandes cualidades, pero él y su tío Toni entrenan[5] todos los días para estar en forma. Con sus fuertes brazos, por ejemplo, golpea[6] la pelota[7] rápidamente pero con precisión[8]. Un dato curioso es que juega con la mano izquierda, aunque en realidad es diestro: las cosas más habituales, como comer o beber, las hace con la mano derecha. ¿Por qué juega al tenis con la izquierda, entonces? Porque de pequeño, cuando jugaba al fútbol, golpeaba el balón con la pierna izquierda. Por eso, siguiendo el consejo de su familia,

---

GLOSARIO
[1] **pista de tenis**: lugar donde se juega al tenis [2] **humilde**: modesto, sencillo, no arrogante [3] **respetuoso**: que siente y muestra respeto [4] **destacar**: sobresalir, llamar la atención [5] **entrenar**: prepararse para jugar a un deporte [6] **golpear**: lanzar [7] **pelota**: bola que se utiliza para jugar al tenis [8] **precisión**: exactitud

empezó a hacer lo mismo en el tenis: coger la raqueta[9] con la mano izquierda y entrenar hasta conseguir su golpe especial. Sus piernas también son muy fuertes: corre por toda la pista y llega a todas las pelotas. Pero lo más importante es su cabeza. Gracias a su fuerza mental lucha para ganar cada partido, también si es un partido difícil, si no se siente bien o si va perdiendo: su único objetivo en la pista es ganar. Sabe que siempre se puede ganar, y esa es su arma[10] más potente. El mítico tenista argentino Guillermo Vilas ha dicho sobre él: «Para Nadal todos los partidos son el fin del mundo. Se impone a[11] sus rivales[12] por su mentalidad, por su fuerza de voluntad[13] para seguir luchando[14] hasta el final. Esta es la presión más grande sobre su adversario[15]».

Pero no todo han sido victorias. Nadal también ha perdido algunos partidos[16]. En esos casos, da la mano a su adversario y más tarde analiza el partido con su tío Toni. Si se enfada[17], se enfada en privado. A sus adversarios los respeta siempre. No importa si son el número 10 o el 50 del mundo. Nunca los insulta[18] y nunca tira la raqueta al suelo cuando pierde. No suele discutir con el juez de línea[19] y siempre es amable con los medios de comunicación[20] y contesta a sus preguntas. Su público también es muy importante para él. Al final de cada encuentro, siempre le da las gracias por su apoyo[21]. Por eso, a veces firma autógrafos[22] durante horas, para hacer feliz a su público.

No todos los grandes tenistas son así; y por eso, también la gente que no se interesa especialmente por el tenis se alegra cuando Rafael Nadal gana un nuevo título. Con Nadal ganan la humil-

---

GLOSARIO

[9] **raqueta**: herramienta con la que se golpea la pelota en el tenis [10] **arma**: instrumento para atacar o defenderse [11] **imponerse a alguien**: ganar [12] **rival**: jugador contrario, enemigo [13] **fuerza de voluntad**: capacidad para superar obstáculos y conseguir un objetivo [14] **luchar**: pelear, trabajar duro por algo [15] **adversario**: rival, enemigo [16] **partido**: juego de tenis [17] **enfadarse**: disgustarse, enfurecerse [18] **insultar**: ofender a alguien con palabras [19] **juez de línea**: árbitro en un partido de tenis [20] **medios de comunicación**: medios destinados a la información pública: prensa, radio, televisión, Internet, etc. [21] **apoyo**: ayuda [22] **autógrafo**: firma de una persona famosa sobre un papel

dad, la constancia[23] y la deportividad[24]. Así se ha convertido en un ejemplo para todos los deportistas, profesionales o aficionados.

También es característica su forma de celebrar los triunfos. Cuando gana un torneo se tira al suelo y se sube a las gradas[25] para abrazar a su familia y amigos. Esta es una muestra de la naturalidad de Nadal dentro y fuera de la pista.

GLOSARIO

[23] **constancia**: perseverancia, continuidad [24] **deportividad**: juego limpio y correcto que sigue las reglas del deporte [25] **gradas**: lugar donde sienta el público en un estadio

Rafael Nadal tras un partido en el Abierto de Japón en 2010/Ella Ling

pista 02

2. Rafa

«Manacor es el mejor sitio del mundo. No lo cambiaría por nada»

Rafael Nadal Parera nació el 3 de junio de 1986. Su padre, Sebastià, es dueño de una empresa de vidrio[1]. Su madre, Anna Maria, es ama de casa. «Rafa», como lo llaman cariñosamente, tiene una hermana cuatro años menor que él, Maria Isabel, a quien todos llaman «Maribel».

Para Nadal, su familia es muy importante. Su tío Toni Nadal lo entrenó desde pequeño. Su tío Miquel Àngel Nadal fue defensa[2] del FC Barcelona (Fútbol Club Barcelona), el Real Mallorca y la selección española de fútbol[3]. De los dos aprendió los valores del deporte. Pero también el resto de sus tíos y sus abuelos, lejos de la prensa[4], lo apoyan siempre que los necesita.

Nadal nunca ha querido alejarse de su familia. A los 13 años, la Federación Española le ofreció una beca para entrenar en Barcelona, pero él la rechazó[5] porque no quería vivir lejos de su familia. Sus padres viajan con él siempre que pueden. Lo animan[6] y lo apoyan en los partidos más importantes y son los primeros a quienes abraza cuando gana.

GLOSARIO
[1] **vidrio**: material transparente que se utiliza para hacer botellas y vasos, entre otras cosas
[2] **defensa**: jugador que defiende a su equipo de los ataques del otro [3] **selección de fútbol**: equipo oficial que representa a un país [4] **prensa**: periódicos y revistas [5] **rechazar**: no aceptar
[6] **animar**: apoyar, ayudar

La infancia en Manacor (Mallorca)

Rafa creció en Manacor, una ciudad importante de Mallorca (en las Islas Baleares). Allí vuelve después de cada torneo[7] para relajarse del mundo del tenis. En Manacor, Rafa es un vecino[8] más. Pasea por sus calles y sus plazas y saluda con una gran sonrisa a quien se cruza con[9] él. Casi nadie lo molesta en la calle para pedirle un autógrafo o hacerse una fotografía con él. Cuando vuelve a casa, a Rafa le gusta pasar tiempo con sus primos, que lo reciben como a un héroe, y salir a pescar[10] en barca, una de sus aficiones favoritas. Pero a pesar de sus triunfos nunca ha dejado de ser «el Rafelet», ese niño al que le encantaban todos los deportes e iba al cine o a las discotecas con sus amigos.

La educación que le han dado sus padres ha sido fundamental para formar su carácter sencillo y humilde. De pequeño, Rafa jugaba al fútbol y al tenis, pero nunca olvidó sus obligaciones[11] como estudiante: por la mañana iba al colegio y por la tarde hacía deporte. Para su familia Rafa era un niño más, y así lo educaron. No debía dedicarse solo al deporte, sino tener tiempo además para la familia, los amigos y otras aficiones, pensaban ellos. Por eso, en su casa Nadal no es la estrella del tenis, sino simplemente Rafa, un hijo más. Un ejemplo de la importancia que dan sus padres a su educación humana y su formación se vio en 2004: ese año, Rafa tuvo la posibilidad de competir[12] en el torneo *junior* de Roland Garros. Tenía muchas posibilidades de ganar, pero sus padres no se lo permitieron[13] porque el torneo se celebraba en las mismas fechas que los exámenes de fin de curso. Rafa estaba entonces en 4º de E.S.O.

Nadal cogió su primera raqueta a los tres años. Ya entonces su tío Toni pensó que podía ser un gran tenista. Pero Rafa era un niño y el fútbol le gustaba tanto como el tenis. Soñaba con ser una estrella como su tío Miquel Àngel, el futbolista. Del fútbol

GLOSARIO

[7] **torneo**: competición, campeonato [8] **vecino**: (aquí) habitante [9] **cruzarse con**: encontrarse casualmente con [10] **pescar**: sacar peces del agua con una caña o red [11] **obligación**: deber, cosa que hay que hacer [12] **competir**: participar en una competición [13] **permitir**: autorizar

le gustaba que es un deporte de equipo[14], algo que no tiene en el tenis (excepto en la competición de la Copa Davis). A Rafa le gusta jugar en un equipo con otros deportistas para conseguir un objetivo común. Por eso, de pequeño combinaba los dos deportes, y era bueno en los dos. Cuando tenía 11 años y jugaba con el equipo de fútbol de su ciudad, el Olímpic de Manacor, marcó más de cien goles[15] en una sola temporada.

Un día tuvo que elegir entre el fútbol y el tenis. Con los dos deportes no le quedaba mucho tiempo para estudiar, así es que[16] sus padres le aconsejaron centrarse en un solo deporte. Rafa lo pensó mucho, y finalmente se decidió por el tenis.

Pero, aunque escogió el tenis, el fútbol todavía le gusta y le interesa. Rafa es seguidor del Real Madrid y va a verlo a su estadio, el Santiago Bernabéu, siempre que puede. También estaba en Sudáfrica el día que España ganó la Copa del Mundo en 2010, con la cara pintada como un aficionado[17] más. En una de sus camisetas está grabado el número 116, el minuto en el que Andrés Iniesta marcó el gol de la final. De la misma manera, muchos futbolistas del Real Madrid van a verlo cuando juega en España. De hecho, fue Zinedine Zidane, ex jugador del Madrid, quien le entregó[18] el trofeo[19] de campeón de Roland Garros en el año 2005. Además, a Nadal le gusta jugar con otros tenistas o con sus preparadores físicos[20] a un conocido videojuego de fútbol. Rafa siempre viaja con su consola y cuando juega con ella, hace lo que no hace en la pista: grita[21], discute, se enfada.

Nadal lleva el deporte en la sangre[22]. Es un deportista nato[23] y un campeón humilde que sabe ganar y perder. Pero también como persona es humilde: se acuerda siempre de su familia, tanto en los buenos momentos como en los malos, y no olvida que se ha convertido en un número 1 gracias a ellos. Tampoco olvida sus orígenes[24]. Además, es sencillo[25]: no necesita coches caros ni casas grandes en las ciudades más importantes del mundo. Aunque valora el dinero, no se preocupa por[26] cuánto tiene. Su actitud se resume en algo que dijo una vez: que su mayor deseo es comprarse una barca para salir a pescar en cualquier momento.

GLOSARIO

[24] **origen**: principio [25] **sencillo**: no complicado [26] **preocuparse por**: estar intranquilo por

Coves del Drac

Manacor, ciudad de campeones

«El mejor sitio del mundo. No lo cambiaría por nada», dice Nadal cuando le preguntan por su lugar de nacimiento. Manacor es el segundo municipio[1] más importante en la isla de Mallorca. Está en la costa del Mediterráneo y por allí han pasado gran cantidad de pueblos y civilizaciones que han dejado sus huellas[2] desde la prehistoria[3].

Uno de los principales atractivos turísticos de la ciudad son las Coves del Drac (Cuevas del Dragón[4]), cuatro cuevas unidas entre sí que miden en total más de 2400 m de longitud. Dentro está el Lago Martel, uno de los mayores lagos subterráneos[5] del mundo (177 m de largo por 30 m de ancho), por el que se puede pasear en barca. En las cuevas se celebran conciertos de música clásica.

El santo[6] de Manacor es san Antonio Abad, que se celebra el 17 de enero con hogueras[7] en las calles de la ciudad. En ellas se asan[8] productos de la zona y la gente baila y canta alrededor.

Pero sobre todo, Manacor es una ciudad de grandes deportistas. Allí han crecido futbolistas como Miquel Àngel Nadal o gimnastas como Elena Gómez (campeona del mundo de gimnasia artística en la modalidad de suelo en 2002). La ciudad está orgullosa de ser el lugar de nacimiento de uno de los mejores tenistas de todos los tiempos.

GLOSARIO
[1] **municipio**: ciudad o pueblo [2] **huella**: marca que se deja sobre el suelo al pasar [3] **prehistoria**: periodo de la historia anterior a la invención de la escritura [4] **dragón**: animal fantástico que tiene alas y escupe fuego por la boca [5] **subterráneo**: que está debajo de la tierra [6] **santo**: en el mundo cristiano, persona a quien la Iglesia ha declarado como tal. A menudo se considera que protege a un determinado colectivo o lugar [7] **hoguera**: fuego al aire libre [8] **asar**: cocinar un alimento al fuego

Rafael Nadal durante un entrenamiento/Mutua Madrileña Madrid Open

3. Un filósofo de Manacor

«El éxito de verdad es ser feliz» (Toni Nadal)

La primera persona que pensó que Rafael Nadal podía ser un gran deportista fue su tío Toni. Estaba jugando con él cuando Rafa tenía solo tres años, y este le devolvió[1] una pelota fácilmente, así que Toni pensó que su sobrino se podía convertir en un buen tenista y se ofreció[2] para ser su entrenador. Así empezó la carrera de Nadal.

Toni es el hermano de Sebastià, el padre de Rafa, y fue un entrenador duro desde el principio. Aunque también alababa[3] a Rafa, sobre todo lo criticaba. Toni piensa que un niño que es inteligente debe obedecer[4] a su entrenador porque este sabe más que él. Rafa, que siempre fue obediente, cuenta que su infancia deportiva fue dura, pero sabe que su tío lo estaba preparando para el futuro. Hoy, cuando recuerda esos años, dice que se lo pasaba muy bien[5] jugando.

Entrenando la mente de Nadal

Toni no solo perfeccionó los golpes de Rafa. También entrenó su mente. Toni piensa que el trabajo de un entrenador tiene que ser psicológico, más que técnico, y esta forma de trabajo ha ayudado a

---

GLOSARIO
[1] **devolver**: (aquí) lanzar la pelota en la dirección del otro jugador [2] **ofrecer**: sugerir, proponer [3] **alabar**: elogiar, destacar las cosas buenas de una persona [4] **obedecer**: cumplir instrucciones u órdenes [5] **pasárselo bien**: disfrutar de algo, pasar el tiempo de forma agradable

Rafa a prepararse para cada partido. Toni no permite a Rafa relajarse; debe estar alerta[6] en todo momento, también como número 1. Para Toni el deporte significa esfuerzo[7] y sacrificio[8]. Según él, «si el deporte tiene algún sentido, es el de superar dificultades». No cree en la suerte. Solo con trabajo y sacrificio puede un deportista conseguir llegar lejos en su carrera. Por eso, Rafa sabe que cada buena jugada[9] es el resultado del trabajo fuera de la pista. Por el contrario, si uno pierde, solo hay una razón: el rival es mejor.

De pequeño, Rafa creía cada palabra de su tío Toni, y este le gastaba bromas[10] y le engañaba[11] cariñosamente[12]. Le decía que era un mago[13] que podía provocar una tormenta[14] cuando un partido iba mal. Ahora que Rafa ha crecido, los dos recuerdan esa broma con cariño. Cuando en 2008 la final de Wimbledon contra Roger Federer se interrumpió[15] por la lluvia, Nadal le dijo a su tío que ese día no era necesario provocar una tormenta. Tenía razón: ganó el partido.

Rafa también creía que su tío podía hacerlo invisible[16]. Incluso, Toni le contó que había sido un gran jugador de fútbol en la liga italiana y que había ganado el Tour de Francia con una moto pequeña. Pero lo más importante es que hizo creer a Rafa que podía llegar hasta lo más alto del tenis mundial.

Toni y su filosofía de vida

Toni Nadal nació también en Manacor. Estudió Historia y Derecho[17], pero nunca se ha dedicado profesionalmente a esas carreras, sino al tenis, su verdadera pasión. A Rafa le ha transmitido

---

GLOSARIO
[6] **estar alerta**: estar atento y concentrado [7] **esfuerzo**: trabajo duro [8] **sacrificio**: (aquí) trabajo duro [9] **jugada**: momento en el que un jugador tiene la pelota y juega [10] **gastar una broma**: (aquí) contar cosas que no son verdad para divertirse, hacer burla [11] **engañar**: contar algo que no es verdad [12] **cariñosamente**: con cariño, con amor [13] **mago**: persona que hace trucos de magia, es decir, cosas que parecen imposibles [14] **tormenta**: lluvia muy fuerte [15] **interrumpir(se)**: detener(se), parar(se) [16] **invisible**: que no se ve [17] **Derecho**: estudio de las leyes

esta pasión y le ha enseñado además a respetar al rival y al público, y a ser humilde. Le recuerda continuamente que solo es «un chico que hace una cosa tan simple como pasar una bola por encima de una red[18]».

Nadie es especial por ser un número 1, piensa Toni, y por eso siempre le dice a Rafa que «en la vida todos somos iguales». Ser una estrella no significa hacer siempre todo lo que uno quiere ni permitirse cualquier capricho[19]. Ha preparado a su sobrino para el mundo real y le ha enseñado que los problemas están tanto dentro como fuera de la pista. Rafa debe estar preparado para solucionarlos, ya que no todo en la vida es tenis.

En resumen, su tío ha ayudado a Rafa a ser mejor persona. Los dos han pasado mucho tiempo juntos en los entrenamientos y los viajes; y fuera de la pista Toni ha educado a Rafa como a un hijo. Muchos ejemplos muestran el tipo de educación que Toni da a Rafa. En una ocasión, por ejemplo, cuando Rafa era un adolescente, Toni lo vio comiéndose una mariscada[20] y le recordó que, normalmente, la gente de su edad comía hamburguesas. En otra ocasión, justo antes de un partido, Rafa empezó a comer mucho chocolate. Toni no le dijo nada, pero en mitad del partido Rafa se sintió mal y entendió por sí solo que no era bueno comer mucho, antes de salir a jugar. En otra ocasión, tenían que ir a una fiesta oficial y Rafa no tenía ganas de[21] ponerse un traje. Prefería ir en chándal[22]. Toni le explicó que hay momentos en los que hay que vestirse de una forma determinada, y que ser un campeón no le permite actuar de forma diferente al resto de la gente.

A pesar de todo, Toni no se considera un filósofo. Dice que le gusta pasear, pensar y observar. Cuando viaja, visita museos y lee. No le impresionan las estrellas y admira solo a las personas que ayudan a los demás, como Vicente Ferrer, un misionero español

GLOSARIO

[18] **red**: malla que separa las dos mitades de una pista de tenis [19] **capricho**: deseo arbitrario y temporal [20] **mariscada**: comida que consiste principalmente en marisco (gambas, langostinos, etc.) [21] **tener ganas de**: sentir deseo de [22] **chándal**: ropa que se usa para hacer deporte

que se dedicó hasta su muerte a intentar mejorar la vida de los más pobres de la India.

¿Qué parte del éxito de Rafa se debe a[23] su entrenador? Toni nunca da importancia a su trabajo y dice que el responsable del éxito de Rafa es Rafa. Así ha educado Toni a Nadal: para pensar que el único responsable de sus éxitos y sus fracasos es él mismo.

¿Qué hará Toni cuando termine la carrera de su sobrino como tenista profesional? Muchos se lo preguntan, ya que Rafa no es el primer tenista al que ha entrenado. ¿Podría entrenar a otros tenistas?, quiere saber la prensa. Toni siempre bromea cuando le hacen esta pregunta y no da una respuesta clara, pero sabe que su vida es el tenis y que quiere contribuir[24] a mejorar este deporte. Aunque para él, «el éxito de verdad es ser feliz».

GLOSARIO

[23] **deberse a**: tener como causa [24] **contribuir**: ayudar

Familia de deportistas

En la familia Nadal, Rafa no es el único deportista profesional. Su tío Toni es ex campeón de ping-pong de Baleares y Miquel Àngel Nadal es ex futbolista.

Miquel Àngel también jugaba al tenis de pequeño y fue campeón juvenil en las Islas Baleares. Pero se dedicó profesionalmente al fútbol. Como futbolista era fuerte, disparaba[1] bien y era inteligente en el juego. Fue centrocampista[2] y defensa central, y marcó en total 43 goles.

Durante ocho años, de 1991 a 1999, jugó con el FC Barcelona. Estos años fueron muy importantes para él y para el Barça, conocido entonces como el *Dream Team* porque conseguía todos los títulos y fue reconocido como el mejor equipo del mundo. El holandés Johan Cruyff era su entrenador. En la temporada 96/97, el Manchester United le hizo una oferta a Miquel Àngel, pero el Barça no lo dejó marchar; era demasiado importante. Entre otros títulos, ganó cinco veces la Liga de España, una vez la Copa de Europa, dos la Supercopa de Europa y tres la Supercopa de España. En total, jugó 235 partidos.

GLOSARIO
[1] **disparar**: (aquí) lanzar el balón con fuerza [2] **centrocampista**: futbolista que juega en el centro del campo

También jugó durante diez años en el Real Mallorca: primero de 1986 a 1991, y después, tras dejar el FC Barcelona, entre 1999 y 2005. En total jugó 456 partidos de liga. También jugó 63 partidos con la selección española de fútbol. Participó en tres Mundiales: Estados Unidos (1994), Francia (1998) y Corea/Japón (2002) y marcó 3 goles. Se retiró[3] el año 2005, después de 19 años como futbolista profesional.

Miquel Àngel también ha sido muy importante en la carrera deportiva de Rafa, ya que ha sido «un buen modelo a seguir».

GLOSARIO
[3] **retirarse**: dejar de trabajar, jubilarse

4. El peor rival en la pista…

«Gracias a mi tío Toni, a Tuts, a Carlos (Costa), a mi familia y a mi novia. Y especialmente, gracias al público»

Rafael Nadal es uno de los mejores tenistas de los últimos tiempos. A lo largo de su carrera deportiva ha superado récords y ha ganado partidos que parecían imposibles. Pero sobre todo, ha disfrutado con su trabajo y el público ha disfrutado con él.

Se ha convertido en el rey absoluto de la tierra batida[1]. Es además el tenista español con más títulos individuales y el primer español que ha ganado el Abierto de Australia (2009) y el Oro Olímpico (Pekín, 2008). Es el primer tenista masculino que ha ganado los cuatro torneos más importantes de tierra batida en el mismo año (Montecarlo, Roma, Madrid y Roland Garros). Además, es el tenista masculino más joven de la historia (24 años) en conseguir el Golden Slam, título que da la ATP (Asociación de Tenistas Profesionales) a los jugadores que consiguen los cuatro Grand Slam y la medalla[2] olímpica. Antes de él solo lo había conseguido Andre Agassi.

GLOSARIO
[1] **tierra batida**: modalidad de tenis que se juega en pistas de tierra [2] **medalla**: trofeo redondo que se cuelga al cuello

Andrew Murray, Roger Federer, Andy Roddick y Novak Djokovic/Ella Ling

Empezar a jugar, empezar a ganar

La historia del deportista empezó en el Club de Tenis de Manacor cuando tenía cuatro años. Toni fue su entrenador desde el principio. Con nueve años ganó su primera competición oficial en su propia comunidad autónoma, las Islas Baleares, y luego fue campeón de España durante dos años consecutivos. Cuando Rafa tenía 12 años, su familia decidió que ya estaba preparado para viajar. Su primer torneo internacional fue Les Petits As, un campeonato para jóvenes promesas[3] en Essonne, al sur de Francia. También lo ganó.

En el año 2002 jugó en el torneo *junior* de Wimbledon. Aunque sus rivales eran mayores que él, llegó a la semifinal[4]. Ese mismo año debutó[5] también profesionalmente en el Torneo Internacional Series de Mallorca. Ganó, y así se convirtió en el noveno jugador de la era Open en ganar un partido ATP antes de los 16 años.

En 2003 mejoró su posición en el *ranking* de la ATP y terminó entre los 50 mejores tenistas del mundo. Ese año jugó muy bien en Wimbledon y se convirtió, con 17 años, en el tenista más joven en llegar a la tercera ronda[6] de esta competición después del alemán Boris Becker (1984).

En 2004 los medios y el público español empezaron a fijarse en[7] Nadal. Jugó por primera vez una final de ATP en Auckland (Nueva Zelanda), y poco después consiguió su primera victoria en Sopot (Polonia).

La recompensa[8] a todos sus años de trabajo llegó con la Copa Davis: a principios de año, los seleccionadores[9] españoles Jordi Arrese, Juan Avendaño y Josep Perlas querían tener a los jugadores españoles con mejor clasificación en esos momentos: Carlos Moyà y Juan Carlos Ferrero. Pero estos no podían jugar, así que

---

GLOSARIO

[3] **promesa**: (aquí) persona que muestra cualidades especiales que pueden llevarla al éxito
[4] **semifinal**: partido que se juega en un campeonato antes del partido final [5] **debutar**: jugar por primera vez en un campeonato [6] **ronda**: fase en un campeonato [7] **fijarse en**: prestar atención a, interesarse por [8] **recompensa**: premio, reconocimiento [9] **seleccionador**: persona que escoge los jugadores de un equipo

decidieron arriesgarse[10] y formar un equipo joven. Entre esos jóvenes estaba Rafa. En el primer partido, España jugó contra la República Checa. Nadal fue fundamental para el equipo español: consiguió un punto fundamental con el que venció a Radek Stepanek y el equipo se clasificó para la siguiente ronda.

En la final, que se celebró en Sevilla, España debía jugar contra Estados Unidos. En ese momento, los tenistas Moyá y Ferrero se unieron al equipo español, mientras que con Estados Unidos jugaban los mejores tenistas del momento: Andy Roddick, Mardy Fish y los hermanos Bryan, una pareja de dobles magnífica. El primer día, Rafa sorprendió a todos cuando ganó a Roddick, que era entonces el número 2 del mundo. Las victorias continuaron y España ganó el campeonato por segunda vez. Nadal tenía entonces 18 años y se convirtió así en el ganador más joven de la Copa Davis. Rafa Nadal dice que la Copa Davis es una de sus competiciones favoritas, sobre todo porque puede jugar en equipo y defender los colores de su país.

Además, Nadal jugó por primera vez contra Federer en la tercera ronda del Masters de Miami de 2004 y, para sorpresa de todos, ganó el partido por 6-3, 6-3. A partir de ese momento, los medios y el público internacional empezaron a preguntarse quién era «ese jovencito español que se enfrentaba al número 1».

Si el 2004 terminó bien, el 2005 empezó mejor. En esa temporada, Nadal participó por primera vez en el Roland Garros y lo ganó. El año anterior no había participado porque tenía una lesión en el codo. Además, las fechas coincidían[11] cada año con las de sus exámenes, por lo que sus padres no le dejaban participar nunca. Pero ese año fue diferente. Rafa estaba en buena forma física, jugó y volvió a ganar a Federer en semifinales, y al argentino Mariano Puerta en la final[12].

GLOSARIO
[10] **arriesgarse**: atreverse a hacer algo peligroso [11] **coincidir**: (aquí) celebrarse al mismo tiempo
[12] **final**: último partido de un campeonato

El 5 de junio Rafael Nadal consiguió su primera «Copa de los Mosqueteros» y superó nuevos récords: el primer adolescente[13] que ganaba el torneo desde 1989, el primero que lo ganaba la primera vez que participaba desde 1982, con Mats Wilander, y el primer adolescente (con 19 años) que ganaba un Grand Slam desde Pete Sampras en 1990. Por todo esto, nadie se sorprendió cuando lloró[14] después de ganar. Rafael Nadal es hasta ahora el único jugador de la historia que ha ganado Roland Garros durante cuatro años consecutivos: 2005, 2006, 2007 y 2008.

La llegada al número 1

Después de ganar el Roland Garros, Nadal ganó en Australia el primer Master 1000 de su carrera y más tarde la final de Montecarlo contra el argentino Guillermo Coria. Esa temporada ganó tres Masters más, uno de ellos el de Madrid, donde jugó una de las mejores finales del año contra el croata Ivan Ljubicic. El partido parecía totalmente perdido, pero el público apoyaba a Nadal y este consiguió por fin una gran victoria. El partido tuvo, sin embargo, graves consecuencias para Rafa, ya que sufrió una lesión[15] importante y no pudo competir durante los primeros meses de 2006. Fueron los peores momentos de su carrera y Nadal pensó que quizás no podría volver a jugar.

Pero no fue así. Se recuperó[16] y superó nuevos récords: volvió a ser el número 1, ganó Wimbledon y el Abierto de Australia. Solo tenía que ganar un torneo más para conseguir el Grand Slam: el Abierto de Estados Unidos. Pero ese año no lo consiguió. Tuvo que esperar hasta el 13 de septiembre de 2010 para ganar en Estados Unidos. El partido fue largo y se interrumpió a causa de la lluvia. Empezó un domingo y terminó un lunes. Finalmente, después

---

GLOSARIO
[13] **adolescente**: persona que está en la pubertad, entre la niñez y la edad adulta [14] **llorar**: echar lágrimas por los ojos [15] **lesión**: daño en una parte del cuerpo [16] **recuperarse**: superar una enfermedad, volver a estar sano

de 3 h y 42 min de juego, Nadal ganó al serbio Novak Djokovic por 6-4, 5-7, 6-4 y 6-2. En ese momento se acordó de los que siempre han estado a su lado: «Gracias a mi tío Toni, a mis padres, a Tuts, a Carlos (Costa), a mi hermana y a mi novia. Tampoco quiero olvidarme de todos los entrenadores que he tenido ni de Joan Forcades, mi preparador físico. Y especialmente, gracias al público».

De esta forma, Rafael Nadal se convirtió en uno de los mejores jugadores de la historia del tenis y en uno de los mejores deportistas españoles de todos los tiempos.

Carlos Moyà: ídolo y amigo

Rafael Nadal respeta a todos sus rivales, pero solo tiene un ídolo: Carlos Moyà.

Moyà nació en la misma isla que Nadal, en Mallorca. La familia de Rafa sabía que este admiraba a Moyà y le preparó una sorpresa: un entrenamiento con su ídolo. Cuando entrenó con Moyà por primera vez, Rafa tenía 14 años. Más tarde, en 2003, se enfrentaron[1] en el Masters Series de Hamburgo y Nadal ganó por 7-5 y 6-4, pero no disfrutó[2] la victoria. A lo largo de su carrera se han enfrentado ocho veces, de las cuales Nadal ha ganado seis. Pero siguen siendo grandes amigos y en Internet se pueden ver vídeos de los dos jugando a la consola, una afición que comparten con muchos otros tenistas.

Carlos Moyà fue uno de los mejores tenistas españoles de la década de los noventa. Llegó a ser número 1 del *ranking* mundial y estuvo entre los diez primeros durante cinco temporadas. En 1998 ganó el Roland Garros y en 2004 fue el héroe de la segunda Copa Davis en la historia del tenis español. Se retiró del tenis profesional en noviembre de 2010.

GLOSARIO
[1] **enfrentarse**: (aquí) jugar el uno contra el otro [2] **disfrutar**: obtener placer de algo, divertirse

5. ...el mejor amigo en la calle

«Eres uno de los mejores jugadores de la historia. Siempre es un placer jugar contigo» (Nadal a Federer tras ganar en Australia)

Nadie quiere encontrarse a Rafael Nadal en la pista de tenis. Allí todos son rivales. Pero fuera, los rivales se convierten en amigos con los que comparte piso durante la competición y juega a la consola. Así es el mundo del tenis: en el circuito profesional puedes tener amigos, pero dentro de la pista todo cambia: no hay amigos ni rivales pequeños.

Nadal contra Federer: amigos y rivales

El rival más importante de Nadal es Roger Federer, el mejor tenista de todos los tiempos para muchos. El español y el suizo se han repartido[1] los torneos más importantes, se han alternado[2] en el número 1 del *ranking* de la ATP y nos han dejado grandes momentos de juego. Roger Federer y Rafael Nadal se respetan y se temen[3] al mismo tiempo. Han sido los dos reyes del tenis mundial durante la primera década del siglo XXI.

Se enfrentaron por primera vez en el año 2005. Federer estaba en buena forma y acababa de ganar en Australia, en Wimbledon y en Estados Unidos. Era el número 1 del mundo y tenía dos ob-

---

GLOSARIO
[1] **repartir(se)**: distribuir algo dividiéndolo en partes [2] **alternar(se)**: turnarse, relevarse [3] **temer**: tener miedo de

jetivos claros: el Roland Garros y los Juegos Olímpicos. Pero de pronto apareció un chico de 17 años que luchaba por cada pelota y celebraba todos los puntos. Parecía que no le importaba tener como rival al número 1.

En las semifinales de Miami, Rafa ganó a Federer por 6-3, 6-3, lo que sorprendió a todo el mundo. Este fue el primero de varios enfrentamientos duros, algunos de ellos inolvidables. Todo el mundo recuerda uno especialmente: la final del torneo de Wimbledon el 6 de julio de 2008. Considerado el mejor partido de la historia del tenis, es también el más largo de la historia: 4 h y 48 min, con interrupciones por la lluvia, y un marcador de 6-4, 6-4, 6-7, 6-7 y 9-7. Federer había sido el campeón los últimos cinco años, pero Rafa lo venció y se convirtió en el tercer jugador en la historia del tenis que ganaba Roland Garros y Wimbledon en un mismo año. Al final del partido Federer dijo que Nadal era «el peor rival en la mejor pista del mundo».

Pero Rafa ganó a Roger no solo en Roland Garros y en Wimbledon, el torneo favorito de Federer; también venció en el Abierto de Australia de 2009 por 7-5, 3-6, 7-6, 3-6 y 6-2. Fue otro partido largo y significó un nuevo récord para Rafa: el primer tenista español que ganaba una final en Australia.

Al perder, Roger Federer lloró. Nadal lo consoló y, respetuoso como siempre con su rival, le dijo: «Lo siento (…). Sé cómo te sientes. Recuerda que eres un campeón, que eres uno de los mejores jugadores de la historia. Siempre es un placer jugar contigo».

Nadal ha sido hasta ahora el principal rival de Federer -especialmente en tierra batida- y los dos se admiran y respetan mutuamente. Rafa, tras ganar por segunda vez el Roland Garros, dijo de Federer que es el «jugador más increíble» con el que ha jugado en toda su carrera. También ha dicho que cuando jugaba contra él, se sentía inferior[4]. Ante el tenis completo y elegante de Roger, Rafa

---

GLOSARIO
[4] **inferior**: por debajo de, peor

solo podía utilizar una táctica: «desesperarlo». «Lo que él ha hecho durante ocho años es casi imposible de repetir. Es increíble.»

Así es la relación entre Roger Federer y Rafael Nadal. Los dos saben que tienen enfrente a un gran jugador y se respetan por ello. Cuando se enfrentan en la pista saben que tienen que esforzarse el doble[5]. Fuera de ella juegan partidos amistosos, se ríen y charlan[6]. Los dos han hecho mucho por el tenis. Por eso, tras la final de Wimbledon en 2006, el periódico británico *The Times* declaró: «Federer y Nadal son la personificación[7] de la decencia[8] y el juego limpio».

GLOSARIO

[5] **(el) doble**: dos veces la cantidad de algo [6] **charlar**: conversar, hablar amigablemente
[7] **personificación**: representación, símbolo [8] **decencia**: honestidad, modestia

pista 09

Lo que dicen de él

Los grandes jugadores de tenis y el público hablan muy bien de Rafa Nadal. Todos destacan su buen juego y su deportividad. El mítico tenista estadounidense John Mc-Enroe, por ejemplo, lo ve como «una bendición[1] para el tenis». Su compatriota[2], Pete Sampras, dice que es «una bestia en la cancha[3]» que «trabaja muy duro cada punto». Para Sampras, Rafa merece estar entre los mejores de la historia: «Todos quieren nombrar a uno solo. En mi opinión, en todos los deportes cada generación tiene su propio jugador. En los años sesenta era Laver. En los años ochenta estaban Lendl y McEnroe. En los noventa estábamos Andre Agassi y yo. Cada década tiene a su gran campeón. Rafa está a la altura[4], sin duda».

Andre Agassi cree que Rafa es mejor que Roger Federer: «Nadal es el mejor y creo que eso ni Federer lo puede discutir. Nadal es muy físico en cada punto; nunca se rinde[5], no da un partido por perdido. Cada punto lo juega con muchísima velocidad[6], habilidad[7] y fuerza». También el alemán Boris Becker declaró que admiraba a Nadal cuando Rafa ganó el Golden Slam. Por último, su amigo el jugador de baloncesto Pau Gasol destaca sobre todo su fuerza mental: «Es una bomba», dice.

GLOSARIO
[1] **bendición**: (aquí) algo muy bueno, una gran suerte [2] **compatriota**: persona del mismo país [3] **cancha**: pista de tenis [4] **estar a la altura**: estar al mismo nivel, tener la misma categoría [5] **rendirse**: dejar de luchar [6] **velocidad**: rapidez [7] **habilidad**: talento, destreza

6. El trabajo fuera de la pista

«¡Vamos Rafa!»
(Grito de guerra
de Rafael Nadal)

El trabajo del tenista no termina cuando acaba un partido. A este respecto[1], el jugador de baloncesto estadounidense Shaquille O'Neal, cuando le preguntaron en una entrevista por sus patrocinadores[2], dijo: «Estoy cansado de oír hablar de dinero, dinero, dinero, dinero y más dinero. Solo quiero jugar al baloncesto, tomar Pepsi y vestirme con Reebok». Las entrevistas, los autógrafos, las ruedas de prensa[3] y los anuncios[4] forman parte del día a día de los deportistas y, cómo no, también del de Rafael Nadal.

Las marcas quieren a Nadal

La primera vez que las grandes marcas se fijaron en Rafa fue después del primer partido entre Nadal y Federer, en el Masters Series de Miami, que Nadal ganó fácilmente por un doble 6-3. A partir de ese momento, una marca deportiva importante decidió no renovar[5] su contrato con el estadounidense Andre Agassi y trabajar con el español. La marca era Nike. Según un estudio realizado por

---

GLOSARIO
[1] **a este respecto**: en este sentido, sobre este tema [2] **patrocinador:** sponsor, entidad o persona que apoya o financia una actividad normalmente con fines publicitarios [3] **rueda de prensa**: reunión de periodistas para escuchar a una persona famosa y hacerle preguntas [4] **anuncio**: mensaje publicitario en cualquier soporte [5] **renovar**: continuar, firmar de nuevo

38

esta empresa[6], Nadal causa muy buena impresión entre la gente joven de Estados Unidos. Lo comparan con Jerónimo, el gran jefe guerrero indio. Para Nike, Nadal representa muchos de los valores con los que se identifica la juventud estadounidense.

Nike no solo contrató a Nadal para aparecer en anuncios, también lo vistieron con camisetas sin mangas[7], pantalones por debajo de la rodilla[8] y zapatillas con la frase «¡Vamos Rafa!», su grito de guerra. Era un estilo totalmente nuevo dentro del mundo del tenis.

Muchas otras marcas que quieren llegar a un público joven firman contratos con Nadal. Chocolates, relojes, coches o cosméticos masculinos utilizan la imagen de Rafa para vender sus productos. Quieren transmitir la imagen del joven luchador que pelea[9] hasta el final en cada partido. Roger Federer, por su parte, anuncia coches de lujo e importantes bancos.

La empresa que más tiempo ha estado con Rafael Nadal es Babolat, la marca de su raqueta. Se fijó en él cuando tenía 11 años y la relación ha continuado hasta hoy. De niño, a Rafa le regalaban las raquetas. Su tío Toni cuenta que una vez, uno de los chicos con los que jugaba Rafa le dijo: «¡Qué suerte tienes, te regalan las raquetas!» y Rafa respondió: «No, no, a mí me las compra mi padre». Rafa no quería parecer[10] superior a él. Su modelo de raqueta ha llegado a ser uno de los más vendidos.

El año 2005, con su victoria en el Roland Garros, fue un año muy importante para el tenista. Todos empezaron a alabar el juego de Rafael Nadal y lo querían para anunciar sus productos. La Asociación de Tenis de Estados Unidos (USTA), por ejemplo, le puso el nombre de «*wonder boy*» y utilizó su imagen para promocionar los torneos de verano.

Nike quería convertirlo en el «Tiger Woods del tenis» y en su imagen principal dentro del mundo de este deporte. Pero a media-

---

GLOSARIO

[6] **empresa**: compañía, firma [7] **manga**: parte de una prenda de ropa que cubre el brazo total o parcialmente [8] **rodilla**: articulación que une el muslo con la parte inferior de la pierna [9] **pelear**: luchar, esforzarse por [10] **parecer**: dar la impresión de ser, tener apariencia

dos de 2008 anunciaron un cambio de estilo. Rafa ya era mayor, así que empezaron a vestirlo con pantalones por encima de la rodilla, camisetas con mangas y el pelo más corto. El estilo del número 1 se parecía más al estilo clásico del tenis. Esta es una costumbre habitual: a Andre Agassi también lo vistieron con un estilo más serio a mediados de los noventa, y Roger Federer, poco después de convertirse en número 1, se cortó la coleta[11] y se afeitó.

Fuera de la pista, Federer y Nadal también han competido. Las marcas más importantes se los disputan[12]: Federer fue el tenista mejor pagado por publicidad desde 2005 hasta 2010, año en el que recibió 16 millones de dólares. Ese año, sin embargo, Nadal cobró 18 millones por contratos publicitarios y superó así a su rival. A pesar de todo, la familia de Rafa ha limitado el número de marcas con las que trabaja. No quiere demasiadas distracciones[13] para el tenista.

GLOSARIO

[11] **coleta**: mechón de pelo que se recoge con una goma [12] **disputar(se)**: pelearse por [13] **distracción**: algo que causa desconcentración

Rafael Nadal, cerca de las estrellas

Rafa repite una y otra vez[1] que es una persona normal y que tiene las mismas aficiones que la gente de su edad. Le gusta, por ejemplo, jugar a la consola y escuchar música de Bon Jovi, Maná o Brian Adams. Además, es un gran seguidor del Real Madrid y le encanta pescar con su familia y amigos.

A veces, el poco tiempo que le dejan las competiciones y los entrenamientos, lo dedica a[2] la publicidad, o incluso a los videoclips. En el año 2010 apareció en el vídeo musical *Gitana*, de la cantante colombiana Shakira. Rafael Nadal aparecía sin camiseta y protagonizaba escenas amorosas con la cantante. Era una imagen totalmente nueva a la que nadie estaba acostumbrado[3].

Pero no solo podemos ver a Rafa Nadal en las pistas, en la televisión y en los vídeos musicales. Ahora también podemos verlo en el cielo[4]. En el año 2003, el Observatorio Astronómico de Mallorca descubrió un asteroide[5] y, de acuerdo con la Unión Astronómica Internacional (IAU), lo llamó Rafael Nadal en honor al[6] tenista nacido en la isla. Es un asteroide de cuatro kilómetros que se mueve por el espacio a 20 km/s, más cerca del planeta Marte que de Júpiter.

GLOSARIO

[1] **una y otra vez**: continuamente, muchas veces [2] **dedicar**: (aquí) destinar, utilizar para [3] **estar acostumbrado**: estar familiarizado o habituado [4] **cielo**: esfera azul que rodea la Tierra [5] **asteroide**: planeta telescópico cuya órbita está normalmente entre Marte y Júpiter [6] **en honor a**: como homenaje a

El público quiere a Nadal

Nadal es muy atento[14] con sus seguidores. El público siempre le ha demostrado su cariño y lo considera uno de los mejores deportistas de España. En el año 2008, después de ganar la medalla de oro en los Juegos Olímpicos de Pekín, los resultados de varias encuestas decían que Rafael Nadal era el personaje más popular[15] de su país. Por detrás de él se encontraban deportistas como Pau Gasol (jugador de Los Angeles Lakers), Iker Casillas (portero[16] del Real Madrid y capitán de la selección española de fútbol) y Fernando Alonso (piloto de Fórmula 1 y campeón del Mundial de Automovilismo).

A lo largo de su carrera, Rafael Nadal ha recibido premios por su trabajo dentro y fuera de la pista. Por ejemplo, el 24 de marzo de 2004, la Asociación de Tenistas Profesionales le dio el Premio al jugador revelación[17] por su temporada 2003. Tres años más tarde, en 2006, consiguió un Laureus, el Oscar del deporte. En esta ocasión, la Academia Laureus World Sports premió a Rafa con el Laureus a la promesa mundial del año. Rafa superó en las votaciones al futbolista argentino del FC Barcelona Lionel Messi, al tenista británico Andrew Murray y a los estadounidenses Ben Roethlisberger (fútbol americano), Paula Creamer (golf) y Danica Patrick (automovilismo).

Ese año recibió otros dos premios más: Stars for Stars, en Miami, de la ATP y la WTA (Women's Tennis Association), y la medalla de oro de la Real Orden del Mérito Deportivo por parte del Gobierno de España. Pero uno de los reconocimientos más especiales llegó en el año 2008: el Premio Príncipe de Asturias de los Deportes. De un jurado[18] formado por 24 personas, Nadal consiguió el voto[19] de 18. El jurado tuvo en cuenta[20] sus triunfos en Roland Garros (cuatro veces ganador), en Wimbledon, su lle-

---

GLOSARIO

[14] **atento**: considerado, interesado [15] **popular**: famoso, querido por el público [16] **portero**: futbolista que para los balones en la portería de su equipo [17] **revelación**: descubrimiento [18] **jurado**: (aquí) grupo de personas que decide quién debe ser el ganador de un premio [19] **voto**: expresión pública o secreta de una elección [20] **tener en cuenta**: considerar, valorar

gada al número 1 del mundo y su medalla de oro en Pekín. En esta ocasión, Rafa se impuso al nadador Michael Phelps, gran triunfador de los Juegos Olímpicos de Pekín. Hasta entonces, solo tres tenistas habían sido reconocidas con el Premio Príncipe de Asturias: Martina Navratilova (1994), Arantxa Sánchez Vicario (1998) y Steffi Graf (1999). Roger Federer fue otro de los candidatos ese año. Por eso, al recibir el premio, Rafa dijo que Federer también se merecía[21] el galardón[22] y que debía conseguirlo.

En el año 2010 Nadal está entre las 15 personas más influyentes del mundo según la revista *AskMen*. Queda por detrás de uno de los entrenadores más populares de la historia del Real Madrid, el portugués José Mourinho, y por delante de la estrella de la NBA LeBron James, del actor George Clooney o del presidente de los Estados Unidos, Barack Obama.

Pero sin duda, el mayor reconocimiento[23] al trabajo de Rafael Nadal se lo han dado los medios de comunicación de todo el mundo. Desde que consiguió el Golden Slam, muchos medios lo consideran uno de los mejores tenistas de la historia.

GLOSARIO
[21] **merecerse**: ser digno de [22] **galardón**: premio [23] **reconocimiento**: valoración positiva

pista 12

7. Fundación Rafael Nadal

«Ha llegado el momento de dirigir el dinero que puedo recaudar hacia donde creo que es más necesario»

Después de ganar el Abierto de Estados Unidos, Rafael Nadal declaró que se sentía «un súper privilegiado[1]» por todo lo que había vivido en sus 24 años. El esfuerzo de sus años de entrenamiento ha tenido muchas recompensas: triunfos, publicidad y el cariño del público. «Doy gracias a la vida por estar donde estoy», dice. Nadal hace a menudo este tipo de declaraciones[2], porque sabe que no todo el mundo puede trabajar en lo que quiere y que no todos los deportistas pueden llegar tan lejos como él.

El proyecto social

El mítico jugador de baloncesto Magic Johnson dijo «no preguntes qué pueden hacer tus compañeros por[3] ti. Pregunta qué puedes hacer tú por tus compañeros». Algo así debió de pensar Rafael Nadal cuando llegó a la cima[4], a lo más alto del *ranking* mundial. En el camino hasta lo más alto lo han acompañado sus preparadores físicos, su familia, sus amigos y su público. Y probablemente Rafa se preguntó qué podía hacer por su público. ¿Cómo agradecer el

---

GLOSARIO
[1] **privilegiado**: con mucha suerte [2] **declaración**: afirmación pública [3] **hacer algo por alguien**: ayudar a alguien [4] **cima**: el punto más alto de una montaña

apoyo de esos niños que lo siguen[5] por la televisión y que esperan horas para conseguir su autógrafo? ¿Cómo acercarse a esos niños que sueñan con llegar a ser como él algún día?

Se habla mucho de la humildad de Rafael Nadal. Pero Rafa es además una persona comprometida[6] que se preocupa por las personas desfavorecidas[7]. Por eso, en 2007 creó la Fundación Rafael Nadal. Con ella agradece la ayuda de sus seguidores. «Ha llegado el momento de crear mi propia fundación y empezar a dirigir el dinero que puedo recaudar hacia donde creo que es más necesario». Estas fueron las palabras de Rafa el día que presentó su fundación.

Rafa siente un cariño especial por los niños y se preocupa por ellos. Además tiene «mucha facilidad de trato[8]» con ellos, «se le dan bien[9]», dice su madre. Por eso, la Fundación quiere dar una oportunidad a niños y adolescentes menores de 25 años que tienen una discapacidad o que crecen en familias desestructuradas. Su objetivo principal es evitar que niños y adolescentes queden excluidos de la sociedad. La Fundación se rige por[10] los mismos valores que Rafa y Toni en el tenis: superación[11], esfuerzo y respeto. Estos se aplican a proyectos que tienen como base el deporte.

En la Grecia Clásica, donde nacieron los Juegos Olímpicos, se daba mucha importancia al deporte para la formación de los niños. Los griegos pensaban que los hombres debían tener «un alma[12] de oro, dentro de un cuerpo de hierro[13]». Pensaban que el deporte ayuda a formar el alma de las personas. Esta filosofía, recogida en la famosa frase «*mens sana in corpore sano*», está presente en Rafael Nadal y en su fundación.

Nadal y su fundación también están influidos por la filosofía del espíritu olímpico, que desarrolló el pedagogo francés y fun-

---

GLOSARIO

[5] **seguir**: (aquí) estar informado de la trayectoria de alguien [6] **comprometido**: que tiene conciencia social [7] **desfavorecido**: con dificultades y pocos recursos económicos [8] **facilidad de trato**: que no tiene problemas de relación [9] **dársele bien algo a alguien**: tener talento o destreza para algo [10] **regirse por**: basarse en [11] **superación**: capacidad para vencer obstáculos o dificultades [12] **alma**: espíritu del ser humano [13] **hierro**: metal muy duro

dador de los Juegos Olímpicos modernos, Pierre de Coubertain. Fue él quien dijo que «lo importante es participar». Por eso, en la Fundación el deporte es una vía hacia la educación y la integración de los niños.

La Fundación trabaja con niños que provienen de situaciones familiares difíciles y no pueden recibir una educación convencional, y con niños discapacitados[14] que tienen problemas de integración. Para facilitar su integración, la Fundación desarrolla tres grandes proyectos en todo el mundo. Uno de ellos se lleva a cabo[15] en la India, en cooperación con la Fundación Vicente Ferrer. El objetivo del proyecto es construir y mantener una escuela y un centro de entrenamiento para practicar el tenis. Allí podrán acoger[16] a 150 niños y niñas de entre 11 y 12 años de la ciudad de Anantapur. La Fundación Rafael Nadal está «muy orgullosa» de trabajar con esta organización en la India.

El segundo proyecto se realiza en colaboración con Special Olympics, una organización reconocida por el Comité Olímpico Internacional. Esta organización trabaja en 150 países con personas que tienen una discapacidad intelectual. El proyecto de la Fundación Rafael Nadal y Special Olympics quiere promover[17] el deporte, especialmente el tenis, entre jóvenes con discapacidad intelectual de 8 a 25 años. De nuevo, el deporte es un medio para conseguir el desarrollo personal y la integración en la sociedad.

En el tercer gran proyecto, la Fundación Rafael Nadal colabora con Aldeas Infantiles, una organización privada de ayuda a la infancia[18], en el programa Integración y Deporte. En esta iniciativa, que tiene una clara proyección internacional[19], se trabaja con niños de familias desfavorecidas de 6 a 18 años en centros de día. Allí, los niños juegan y estudian.

GLOSARIO
[14] **discapacitado**: inválido parcial o totalmente [15] **llevar a cabo**: realizar [16] **acoger**: (aquí) recibir, ofrecer un lugar a [17] **promover**: fomentar, impulsar [18] **infancia**: niños [19] **proyección internacional**: alcance o importancia internacional

Para poder realizar todas estas actividades, la Fundación Rafael Nadal cuenta con[20] un grupo de personas que trabajan como voluntarios[21], sin recibir dinero a cambio. Además, la Fundación recibe donaciones[22] de empresas y personas anónimas que quieren colaborar en los diferentes proyectos. Gracias a su fundación, Rafael Nadal ayuda a niños de todo el mundo a través del tenis. Este fue, de hecho, uno de los aspectos que destacó el jurado del Premio Príncipe de Asturias: la creación de una fundación «de carácter benéfico, destinada a la asistencia social de colectivos desfavorecidos y a la cooperación al desarrollo».

La presidenta de la Fundación es Anna Maria Parera, la madre de Rafa. Para ella es muy importante aplicar en la Fundación los principios de su hijo. Acompaña a Nadal en todos los proyectos solidarios y busca cada día nuevos medios para ayudar a todos esos niños que muestran la misma ilusión por el deporte que tenía su hijo a su edad. Por su parte, Rafa le dedica todo el tiempo que le permiten sus compromisos deportivos o publicitarios: «Hago las cosas dándolo todo[23], en el tenis y en la vida, y esto no va a ser una excepción».

GLOSARIO

[20] **contar con**: (aquí) disponer de, tener [21] **voluntario**: persona que trabaja sin recibir dinero

[22] **donación**: dinero que se regala de forma voluntaria, normalmente con fines benéficos

[23] **darlo todo**: (coloquial) poner todo el esfuerzo en algo

pista 13

La solidaridad de Rafael Nadal

Rafael Nadal siempre tiene tiempo para ayudar a los que más lo necesitan. Además de su propia fundación, participa cada año en partidos benéficos. Así recauda dinero para diferentes causas y fundaciones, como la de su amigo y rival Roger Federer.

Además del tenis, Rafa participa en otras actividades deportivas, como en el evento «Amigos de Iker vs. Amigos de Rafa». En él se combinaban el tenis, el fútbol y los *karts* para recaudar dinero y ayudar a prevenir[1] la malaria en África.

Rafa también colabora con la Fundación Pequeño Deseo, que pretende[2] dar una alegría a niños y niñas que sufren una enfermedad crónica o muy grave. Muchos de esos niños desean ver a Nadal, su ídolo, y este los visita y hace así realidad su sueño. Como parte de este proyecto, Rafa jugó un partido de tenis con uno de esos niños. Seguro que ninguno de los dos lo olvidará nunca.

GLOSARIO
[1] **prevenir**: evitar, impedir, detener el tiempo [2] **pretender**: tener como objetivo

Nadal en la pista central de Wimbledon en 2010/Ella Ling

Notas culturales

2. Rafael

el Rafelet: En las regiones de habla catalana, es común añadir el artículo determinado antes del nombre para hablar de una persona. El sufijo «-et» es un diminutivo y equivale aproximadamente a «-ito» en español. «El Rafelet» es por lo tanto una forma cariñosa de referirse a Rafael Nadal.

4° de E.S.O: En España, la Enseñanza Secundaria Obligatoria (E.S.O.) se compone de cuatro cursos que se estudian entre los 12 y los 16 años. Comienza al terminar los seis cursos de educación primaria (de los 6 a los 12 años). Después de la E.S.O. es posible cursar dos tipos de estudios de secundaria no obligatorios: formación profesional o bachillerato.

3. Un filósofo de Manacor

Vicente Ferrer: Misionero jesuita que trabajó en la cooperación para el desarrollo con los desfavorecidos del planeta. Fue muy activo en la India, donde vivió y trabajó desde 1952 hasta 2009, año en el que falleció.

4. El peor rival en la pista...

Copa de los Mosqueteros: Es el nombre del trofeo que recibe el ganador del Roland Garros. Se debe a los «cuatro mosqueteros», cuatro grandes tenistas franceses de primera mitad del siglo XX: René Lacoste, Henri Cochet, Jean Borotra y Jacques Brugnon, que en 1927 ganaron la Copa Davis contra Estados Unidos. El estadio del Roland Garros se construyó para poder celebrar allí la siguiente edición.

6. El trabajo fuera de la pista

Premios Príncipe de Asturias: Son unos de los premios más importantes de España. Los convoca la Fundación Príncipe de Asturias desde 1981 y los entrega el príncipe Felipe, príncipe de Asturias y heredero a la Corona de España. Se conceden en las siguientes categorías: Artes, Comunicación y Humanidades, Letras, Deportes, Ciencias Sociales, Investigación Científica y Técnica, Cooperación Internacional y Concordia.

Glosario

ESPAÑOL	INGLÉS	FRANCÉS	ALEMÁN

1. El perfil de un campeón

ESPAÑOL	INGLÉS	FRANCÉS	ALEMÁN
[1] pista de tenis	tennis court	piste de tennis	Tennisplatz
[2] humilde	humble/modest	humble	bescheiden
[3] respetuoso	respectful	respectueux	respektvoll
[4] destacar	to stand out	remarquer	überragen
[5] entrenar	to train	s'entraîner	trainieren
[6] golpear	to hit	frapper	schlagen
[7] pelota	ball	balle	Ball
[8] precisión	accuracy	précision	Präzision
[9] raqueta	racket (tennis)	raquette	Schläger
[10] arma	weapon	arme	Waffe
[11] imponerse a alguien	to defeat	s'imposer à quelqu'un	sich durchsetzen gegen
[12] rival	rival	rival	Rivale
[13] fuerza de voluntad	willpower	force de volonté	Willenskraft
[14] luchar	to fight	lutter	kämpfen
[15] adversario	opponent	adversaire	Gegner
[16] partido	match/game	match	Spiel
[17] enfadarse	to get angry	se fâcher	wütend werden
[18] insultar	to insult	insulter	beschimpfen
[19] juez de línea	umpire	juge de ligne	Linienrichter
[20] medios de comunicación	the media	médias	Medien
[21] apoyo	support/help	soutien	Unterstützung
[22] autógrafo	autograph (noun)	autographe	Autogramm
[23] constancia	consistency	constance	Ausdauer
[24] deportividad	sportsmanship	esprit sportif	Fairness
[25] gradas	grandstand	gradins	Zuschauerreihen

2. Rafa

ESPAÑOL	INGLÉS	FRANCÉS	ALEMÁN
[1] vidrio	glass	verre	Glas
[2] defensa	defender	(jouer en) défense	Verteidiger
[3] selección de fútbol	national team	sélection de football	Nationalmannschaft
[4] prensa	press (noun)	presse	Presse

ESPAÑOL	INGLÉS	FRANCÉS	ALEMÁN
5 **rechazar**	to turn down (an offer)	refuser	ablehnen
6 **animar**	to encourage	encourager	ermutigen
7 **torneo**	tournament	tournoi	Turnier
8 **vecino**	neighbour	voisin	Bewohner
9 **cruzarse con**	to bump into (in the street)	croiser	begegnen
10 **pescar**	to go fishing	pêcher	angeln
11 **obligación**	obligation	obligations	Verpflichtung
12 **competir**	to compete	concourir	wettstreiten
13 **permitir**	to allow	permettre	erlauben
14 **equipo**	team	équipe	Mannschaft
15 **gol**	goal	but	Tor
16 **así es que**	that's why	donc	so kam es, dass
17 **aficionado**	fan/supporter	supporteur	Anhänger
18 **entregar**	to hand	remettre	überreichen
19 **trofeo**	trophy	trophée	Siegerpreis
20 **preparador físico**	trainer	préparateur physique	Fitnesstrainer
21 **gritar**	to shout	crier	schreien
22 **llevar algo en la sangre**	to have something in your blood	avoir quelque chose dans le sang	etwas im Blut haben
23 **nato**	born	né	geboren
24 **origen**	origin	origine	Herkunft
25 **sencillo**	simple	simple	bescheiden
26 **preocuparse por**	to be concerned/ worried about	s'inquiéter de	sich Sorgen machen um

Manacor, ciudad de campeones

1 **municipio**	town / village	commune	Gemeinde
2 **huella**	mark	empreintes	Spur
3 **prehistoria**	pre-history	préhistoire	Frühzeit
4 **dragón**	dragon	dragon	Drachen
5 **subterráneo**	underground	souterrain	unterirdisch
6 **santo**	patron saint	saint	Heiliger
7 **hoguera**	bonfire	feu de joie	Lagerfeuer
8 **asar**	to roast	griller	grillen

3. Un filósofo de Manacor

1 **devolver**	to hit back	renvoyer	zurückschlagen
2 **ofrecer**	to offer	offrir	anbieten
3 **alabar**	to praise	vanter	loben

ESPAÑOL	INGLÉS	FRANCÉS	ALEMÁN
[4] obedecer	to obey	obéir	Folge leisten
[5] pasárselo bien	to have a good time	s'amuser	Spaß haben
[6] estar alerta	to be alert	être sur ses gardes	aufmerksam sein
[7] esfuerzo	effort	effort	harte Arbeit
[8] sacrificio	sacrifice	sacrifice	Aufopferung
[9] jugada	move (in sport)	coup	Spielzug
[10] gastar una broma	to have a joke at someone's expense	faire une blague	Scherze mit jdm treiben
[11] engañar	to wind someone up	tromper	jdn anschwindeln
[12] cariñosamente	in a nice way	tendrement	liebevoll
[13] mago	wizard	magicien	Magier
[14] tormenta	storm	tempête	Unwetter
[15] interrumpir(se)	to interrupt	s'interrompre	unterbrechen
[16] invisible	invisible	invisible	unsichtbar
[17] Derecho	Law	Droit	Jura
[18] red	net	filet	Netz
[19] capricho	whim/caprice	caprice	Schnickschnack
[20] mariscada	meal of shellfish	plateau de fruits de mer	Gericht aus Meeresfrüchten
[21] tener ganas de	to feel like doing something	avoir envie de	Lust haben
[22] chándal	tracksuit	survêtement	Jogginganzug
[23] deberse a	to be due to	être dû/e à	zu verdanken sein
[24] contribuir	to contribute	contribuer	beitragen zu

Familia de deportistas

[1] disparar	to shoot	tirer	schießen
[2] centrocampista	midfielder	demi	Mittelfeldspieler
[3] retirarse	to retire	prendre sa retraite	in den Ruhestand gehen

4. El peor rival en la pista…

[1] tierra batida	clay court	terre battue	Sandplatz
[2] medalla	medal	médaille	Medaille
[3] promesa	promising	promesse	Hoffnungsträger
[4] semifinal	semi-final	demi-finale	Halbfinale
[5] debutar	to make his/her début	faire ses débuts	debütieren
[6] ronda	round	tour	Runde
[7] fijarse en	to notice	remarquer	auf jdn aufmerksam werden
[8] recompensa	reward	récompense	Belohnung
[9] seleccionador	selector	sélectionneur	Nationaltrainer
[10] arriesgarse	to take the risk	prendre des risques	riskieren

54

ESPAÑOL	INGLÉS	FRANCÉS	ALEMÁN
11 coincidir	to coincide	coïncider	zusammenfallen
12 final	final	finale	Finale
13 adolescente	teenager	adolescent	Jugendlicher
14 llorar	to weep / to cry	pleurer	weinen
15 lesión	injury	lésion	Verletzung
16 recuperarse	to recover	se remettre	sich erholen

Carlos Moyà: ídolo y amigo

1 enfrentarse	to meet face to face	s'affronter	sich gegenüberstehen
2 disfrutar	to enjoy	jouir de	genießen

5. … el mejor amigo en la calle

1 repartir(se)	to divide up	se partager	unter sich aufteilen
2 alternar(se)	to alternate	se succéder	sich abwechseln
3 temer	to fear	craindre	fürchten
4 inferior	inferior	inférieur	unterlegen
5 (el) doble	twice as much	deux fois plus	doppelt so viel
6 charlar	to chat	bavarder	plaudern
7 personificación	personification	personnification	Personifizierung
8 decencia	decency	décence	Anstand

Lo que dicen de él

1 bendición	blessing	bénédiction	Segen
2 compatriota	compatriot	compatriote	Landsmann
3 cancha	court (tennis)	court	(Tennis)platz
4 estar a la altura	to be at the same level	être à la hauteur	jdm/etw gewachsen sein
5 rendirse	to give up	se rendre	sich ergeben
6 velocidad	speed	vitesse	Geschwindigkeit
7 habilidad	skill	habileté	Geschicklichkeit

6. El trabajo fuera de la pista

1 a este respecto	in this respect	à ce sujet	in dieser Hinsicht
2 patrocinador	sponsor	sponsor	Sponsor
3 rueda de prensa	press conference	conférence de presse	Pressekonferenz
4 anuncio	advert	publicité	Werbung
5 renovar	to renew	renouveler	erneuern
6 empresa	company	entreprise	Unternehmen
7 manga	sleeve	manche	Ärmel
8 rodilla	knee	genou	Knie

ESPAÑOL	INGLÉS	FRANCÉS	ALEMÁN	55
[9] pelear	to fight	se battre	kämpfen	
[10] parecer	to seem	paraître	wirken	
[11] coleta	pony tail	queue de cheval	Pferdeschwanz	
[12] disputar(se)	to fight it out between them for	se disputer	sich streiten um	
[13] distracción	distraction	distraction	Ablenkung	
[14] atento	kind/caring	attentionné	aufmerksam	
[15] popular	popular	populaire	populär	
[16] portero	goalkeeper	gardien de but	Torwart	
[17] revelación	revelation	révélation	Entdeckung	
[18] jurado	jury/panel	jury	Jury	
[19] voto	vote	vote	Stimme	
[20] tener en cuenta	to take into account	prendre en compte	bedenken	
[21] merecerse	to be worthy of something	mériter	verdienen	
[22] galardón	award	prix	Preis	
[23] reconocimiento	recognition	reconnaissance	Anerkennung	

Rafael Nadal, cerca de las estrellas

[1] una y otra vez	over and over again	à plusieurs reprises	immer wieder
[2] dedicar	to devote to	consacrer	widmen
[3] estar acostumbrado	to be used to something	être habitué	gewohnt sein
[4] cielo	sky	ciel	Himmel
[5] asteroide	asteroid	astéroïde	Asteroid
[6] en honor a	in honour of	en l'honneur de	zu Ehren von

7. Fundación Rafael Nadal

[1] privilegiado	fortunate	privilégié	Previlegierter
[2] declaración	declaration	déclaration	Aussage
[3] hacer algo por alguien	to do something for someone	faire quelque chose pour quelqu'un	etw für jdn tun
[4] cima	summit	sommet	Höhepunkt
[5] seguir	follow	suivre	verfolgen
[6] comprometido	committed	engagé	engagiert
[7] desfavorecido	less fortunate	défavorisé	benachteiligt
[8] facilidad de trato	a nice way with people	avoir du tact	Talent im Umgang
[9] dársele bien algo a alguien	to come easily to (him)	être bon en quelque chose	ein Händchen für etwas haben
[10] regirse por	to be run by	suivre	sich richten nach

ESPAÑOL	INGLÉS	FRANCÉS	ALEMÁN
[11] superación	determination to succeed	dépassement de soi	Überwindung
[12] alma	soul	âme	Seele
[13] hierro	iron	fer	Eisen
[14] discapacitado	handicapped	handicapé	behindert
[15] llevar a cabo	to happen/to run	mener à bien	realisieren
[16] acoger	to take in/to offer help to	accueillir	aufnemen
[17] promover	to promote	promouvoir	fördern
[18] infancia	childhood	enfance	Kindheit
[19] proyección internacional	international presence	projection internationale	weltweite Reichweite
[20] contar con	to be lucky to have	compter sur	zählen auf
[21] voluntario	volunteer	bénévole	Freiwilliger
[22] donación	donation	donation	Spende
[23] darlo todo	to give everything	donner le maximum	alles darangeben

La solidaridad de Rafael Nadal

[1] prevenir	to prevent/to combat	prévenir	vorbeugen
[2] pretender	to aim to (do something)	avoir pour objectif	beabsichtigen

Cómo trabajar con este libro

Perfiles Pop es una serie de biografías de personajes de la cultura pop del mundo hispanohablante. Cada libro está escrito en forma de reportaje y explica la vida del personaje desde sus orígenes hasta hoy.

Para facilitar la lectura, al final de cada página se incluye un glosario en español con las palabras y expresiones más difíciles. Además, en cada capítulo aparecen uno o varios recuadros que aportan información adicional sobre un tema relacionado con el capítulo. Al final del libro hay además un glosario en inglés, francés y alemán y notas culturales sobre algunos conceptos del mundo del español que aparecen en el texto.

El libro se complementa con una sección de actividades que tiene la siguiente estructura:

a) «Antes de leer». **Recomendamos realizar las actividades de esta sección antes de empezar a leer el texto**, ya que ayudarán a activar los conocimientos que tiene el lector sobre el tema y facilitarán la comprensión.

b) «Durante la lectura». Son **actividades destinadas a pautar la comprensión** de los diferentes capítulos y a ejercitar la comprensión auditiva mediante el trabajo con el CD.

c) «Después de leer». Se trata de propuestas variadas que **permiten poner en práctica la comprensión auditiva y de lectura, la expresión oral y escrita, la interacción oral y escrita y la mediación**. Tienen un carácter predominantemente abierto para que el propio lector (o el profesor que lee el libro con sus alumnos) pueda decidir cómo trabajar con ellas según sus necesidades. En muchas de ellas se propone un repaso al contenido del libro. En cada caso, **el lector puede decidir si vuelve a leer el fragmento en cuestión o prefiere escuchar la grabación del CD correspondiente**. Igualmente, puede decidir si hace las actividades por escrito o de forma oral, en interacción con otros hablantes.

d) «Léxico». Actividades para **la sistematización, la profundización y la ampliación del vocabulario**. Se tiene en cuenta que cada hablante tiene unos intereses y un bagaje personal específicos. Por eso se combinan actividades de respuesta cerrada con actividades más abiertas.

e) «Cultura». Esta sección contiene **propuestas para profundizar en los temas culturales** del libro.

f) «Para saber más» incluye un **texto adicional** sobre un tema de interés relacionado con el personaje.

g) La sección «Internet» propone **páginas web interesantes** para seguir investigando.

h) Por último, se facilitan las **soluciones** de las actividades de respuesta cerrada y propuestas de solución para algunas actividades de carácter más abierto.

ANTES DE LEER

1. Seguro que has visto algún partido de Rafael Nadal. ¿Puedes describir su carácter?

2. ¿Qué pie de página corresponde a cada fotografía? Escribe al lado el número de la página en la que aparece.

a) El equipo español después de ganar la Copa Davis.

b) Rafael Nadal con su entrenador, Toni Nadal.

c) Nadal firma autógrafos después de un partido.

d) Rafa se prepara para golpear la pelota.

e) Rafael Nadal después de ganar un punto en un partido.

f) Los rivales más importantes de Rafael Nadal.

3. Los siguientes temas corresponden a los siete capítulos del libro. Pon el número del capítulo al lado del tema correspondiente. Después de leer el libro, vuelve a mirar tus respuestas y corrígelas si es necesario.

a) La labor benéfica de la F undación. **Capítulo 7**

b) Nadal como imagen de muchas marcas publicitarias

c) Su tío Toni: su entrenador, su amigo y un humilde sabio

d) La relación de Nadal con otros tenistas cuando no están compitiendo

e) La infancia de Nadal y los primeros pasos en el tenis

f) La trayectoria profesional de Nadal y sus grandes triunfos

g) Descripción general de Nadal como tenista y como persona

DURANTE LA LECTURA

Capítulos 1-3

4. ¿Con qué adjetivos se describe a Nadal en el capítulo 1 y por qué? Contesta como en el ejemplo.

Ejemplo: Es natural porque cuando gana se sube a las gradas y abraza a su familia.

5. ¿Qué miembros de la familia de Nadal te parecen más importantes para su carrera profesional? ¿Por qué?

6. ¿Estás de acuerdo con las ideas de Toni?

Capítulos 4-7

7. Todos estos tenistas aparecen en el capítulo 4. ¿Recuerdas qué relación tienen o han tenido con Nadal?

Andy Roddick

Radek Stepanek

Ivan Ljubicic

Carlos Moyà y Juan Carlos Ferrero

8. Fíjate en las fotografías. ¿Qué ropa lleva Nadal en ellas? ¿A qué época crees que pertenecen?

9. «Un alma de oro dentro de un cuerpo de hierro» y «mens sana in corpore sano» son dos lemas que representan la filosofía de Nadal y su fundación. ¿Puedes explicar con tus palabras qué significan? Luego comprueba con el texto del capítulo 7. ¿Crees que se ponen en práctica en los proyectos de la Fundación?

DESPUÉS DE LEER

10 .Ahora que conoces a Nadal, ¿crees que podríais ser amigos? ¿Tenéis rasgos del carácter, aficiones o intereses parecidos?

11. Vuelve a leer las citas que aparecen al principio de cada capítulo y escoge la que más te gusta. Explica por qué la has escogido.

12. Nombra al menos un torneo que ganó Nadal en cada uno de los siguientes años: 2004, 2005, 2006, 2007, 2008, 2009 y 2010.

13. Escoge dos de los siguientes recuadros y vuelve a escuchar las grabaciones del CD. Luego escribe un resumen de cada uno en tu lengua para explicarle el contenido a alguien que no habla español.

Pista 03. Manacor, ciudad de campeones	Pista 05. Familia de deportistas	Pista 07. Carlos Moyà: ídolo y amigo
Pista 09. Lo que dicen de él	Pista 11. Rafael Nadal, cerca de las estrellas	Pista 13. La solidaridad de Rafael Nadal

LÉXICO

14. Completa este mapa mental sobre Nadal:

su familia · su ciudad · su fundación · su carácter · sus amigos · sus aficiones · el tenis

15. ¿Qué frases hechas se utilizan en el libro para expresar estas ideas? Escribe una frase sobre ti con cada una de ellas.

Tener un talento natural para algo:

Tener el mismo nivel o la misma calidad que otra persona:

Poner todo el esfuerzo en algo:

16. Busca en el glosario las siguientes palabras y expresiones. Luego decide cuáles de ellas te parecen más útiles y cuáles quieres aprender.

Diez palabras o expresiones relacionadas con el tenis:

Diez palabras o expresiones para describir el carácter de una persona:

Cinco palabras o expresiones relacionadas con la familia:

CULTURA

17. Los Premios Príncipe de Asturias se entregan para ocho categorías diferentes. Relaciona cada categoría con su descripción y su ganador del año 2008, cuando Nadal ganó en la categoría de Deportes. ¿Por qué no haces tu propia lista de ganadores?

Investigación Científica y Técnica

Letras

Artes

Ciencias Sociales

Cooperación Internacional

Concordia

Comunicación y Humanidades

Deportes

remio a una aportación relevante en la arqui-ectura, el cine, la danza, la escultura, la música, a pintura y otras expresiones artísticas.	El buscador Google.
remio al trabajo en los campos de Antropología, Derecho, Economía, Geografía, Historia, Psicolo-ía, Sociología y otras Ciencias Sociales. Premio a na labor creadora o de investigación importante n los ámbitos de comunicación y humanidades.	La escritora canadiense Margaret Atwood.
remio a una labor creadora o de investigación mportante en los ámbitos de comunicación y umanidades.	El científico japonés Sumio Iijima y los estadouni-denses Shuji Nakamura, Robert Langer, George M. Whitesides y Tobin Marks.
remio a personas u organizaciones que han yudado al entendimiento y la convivencia en paz ntre los seres humanos, a luchar contra la pobre-a, la injusticia, la enfermedad o la ignorancia, o ue han defendido la libertad entre otros objetivos.	Rafael Nadal.
remio a personas o entidades que han contri-uido al progreso de las relaciones y a la frater-dad entre los pueblos.	El Centro de Investigação em Saúde de Man-hiça, de Mozambique, el Ifakara Health Ins-titute, de Tanzania, el Malaria Research and Training Center, de Mali, y el Kintampo Health Research Centre, de Ghana.
emio al perfeccionamiento, cultivo, promoción difusión de los deportes.	El Sistema Nacional de Orquestas Juveniles e Infantiles de Venezuela.
emio a la labor de investigación en Matemáti-s, Física, Química, Biología, Medicina, Ciencias la Tierra y del Espacio, así como técnicas y tec-logías relacionadas con ellas.	El director de la Escuela de Altos Estudios Socia-les de Francia, Tzvetan Todorov.
emio a una contribución importante a la cultu-universal en los campos de la Literatura o de Lingüística.	La política colombiana Ingrid Betancourt (se-cuestrada por la guerrilla durante seis años).

PARA SABER MÁS

18. ¿Conoces la historia del tenis? Puedes leerla en este texto.

Los primeros juegos de pelota que se conocen aparecieron en la antigua China. Pero también en la Grecia clásica, en el antiguo Egipto, en el Imperio romano y entre las culturas precolombinas de América se practicaban juegos de pelota similares al tenis.

A lo largo de la Edad Media, los monjes jugaban en los monasterios a un deporte parecido al paddle actual. Con el tiempo, este juego se fue transformando en algo similar al tenis y se hizo muy popular entre los reyes de Europa. En Gran Bretaña, este nuevo juego se llamó «real tennis» y en Francia «jeu de paume» y en él todavía se golpeaba la pelota con la mano; las raquetas se empezaron a utilizar más tarde. De hecho, un origen posible de la palabra «raqueta» es la palabra árabe «rahat», que significa «palma de la mano». La palabra «tenis», por su parte, puede venir del francés «tennez», que significa «tenga usted».

Oficialmente, el inventor del tenis moderno fue el británico Walter Clopton Wingfield, que en 1874 definió las primeras reglas, basadas en las del bádminton. Al principio, el tenis era un deporte elitista que se jugaba solo entre la aristocracia, pero poco a poco se fue extendiendo a todas las clases sociales.

En 1877 se jugó el primer campeonato masculino de tenis en el All-England lawn Tennis and Croquet Club de Wimbledon con reglas muy parecidas a las anteriores, y unos años más tarde, en 1884, comenzaron las competiciones femeninas. El tenis se jugó en las primeras Olimpiadas de 1896 en Atenas, pero debido a diferentes problemas dejó de ser deporte olímpico durante varias décadas. Está en el programa oficial de las Olimpiadas desde los juegos de 1988, que se celebraron en Seúl.

INTERNET

19. En la web oficial de Rafael Nadal, **www.rafaelnadal.com** puedes informarte sobre toda su actividad. Hay vídeos, fotos y noticias actuales. Si quieres, puedes registrarte en los foros y conversar sobre muchos temas diferentes.

SOLUCIONES

2.

a) p.32, b) p.18, c) p.12, d) p.6, e) p.48-49, f) p. 26-27

3.

a7, b6, c3, d5, e2, f4, g1

7.

Carlos Moyà y Juan Carlos Ferrero jugaron en el equipo de la Copa Davis con Nadal en 2004.
Radek Stepanek perdió contra Nadal en el primer partido de la Copa Davis.
Andy Roddick era el número 2 del mundo, pero Nadal le ganó con 18 años.
Ivan Ljubicic jugó contra Nadal en la final del Masters de Madrid de 2005 y perdió.

12.

2004: Sopot, Copa Davis
2005: Roland Garros, Master 1000 de Australia, Montecarlo, Masters de Madrid
2006: Roland Garros
2007: Roland Garros
2008: Roland Garros, Wimbledon, Oro Olímpico
2009: Abierto de Australia
2010: Abierto de Estados Unidos

15.

Tener un talento natural para algo: **llevar algo en la sangre**
Tener el mismo nivel o la misma calidad que otra persona: **estar a la altura**
Poner todo el esfuerzo en algo: **darlo todo**

17. Solución a la tabla

| Investigación Científica y Técnica |
| Letras |
| Artes |
| Ciencias Sociales |
| Cooperación Internacional |
| Concordia |
| Comunicación y Humanidades |
| Deportes |

Premio a la labor de investigación en Matemáticas, Física, Química, Biología, Medicina, Ciencias de la Tierra y del Espacio, así como técnicas y tecnologías relacionadas con ellas.

El científico japonés Sumio Iijima y los estadounidenses Shuji Nakamura, Robert Langer, George M. Whitesides y Tobin Marks.

Premio a una contribución importante a la cultura universal en los campos de la Literatura o de la Lingüística.

La escritora canadiense Margaret Atwood.

Premio a una aportación relevante en la arquitectura, el cine, la danza, la escultura, la música, la pintura y otras expresiones artísticas.

El Sistema Nacional de Orquestas Juveniles e Infantiles de Venezuela.

Premio al trabajo en los campos de Antropología, Derecho, Economía, Geografía, Historia, Psicología, Sociología y otras Ciencias Sociales.

El director de la Escuela de Altos Estudios Sociales de Francia, Tzvetan Todorov.

Premio a personas u organizaciones que han ayudado al entendimiento y la convivencia en paz entre los seres humanos, a luchar contra la pobreza, la injusticia, la enfermedad o la ignorancia, o que han defendido la libertad entre otros objetivos.

El Centro de Investigação em Saúde de Manhiça, de Mozambique, el Ifakara Health Institute, de Tanzania, el Malaria Research and Training Center, de Mali, y el Kintampo Health Research Centre, de Ghana.

Premio a personas o entidades que han contribuido al progreso de las relaciones y a la fraternidad entre los pueblos.

La política colombiana Ingrid Betancourt (secuestrada por la guerrilla durante seis años).

Premio a una labor creadora o de investigación importante en los ámbitos de comunicación y humanidades.

El buscador Google.

Premio al perfeccionamiento, cultivo, promoción y difusión de los deportes.

Rafael Nadal.

Notas